APRENDIENDO LAS FORMAS

Los triángulos

Priyanka Das

AV2 SPANISH

www.openlightbox.com

Paso 1
Ingresa a **www.openlightbox.com**

Paso 2
Ingresa este código único
AVD65387

Paso 3
¡Explora tu eBook interactivo!

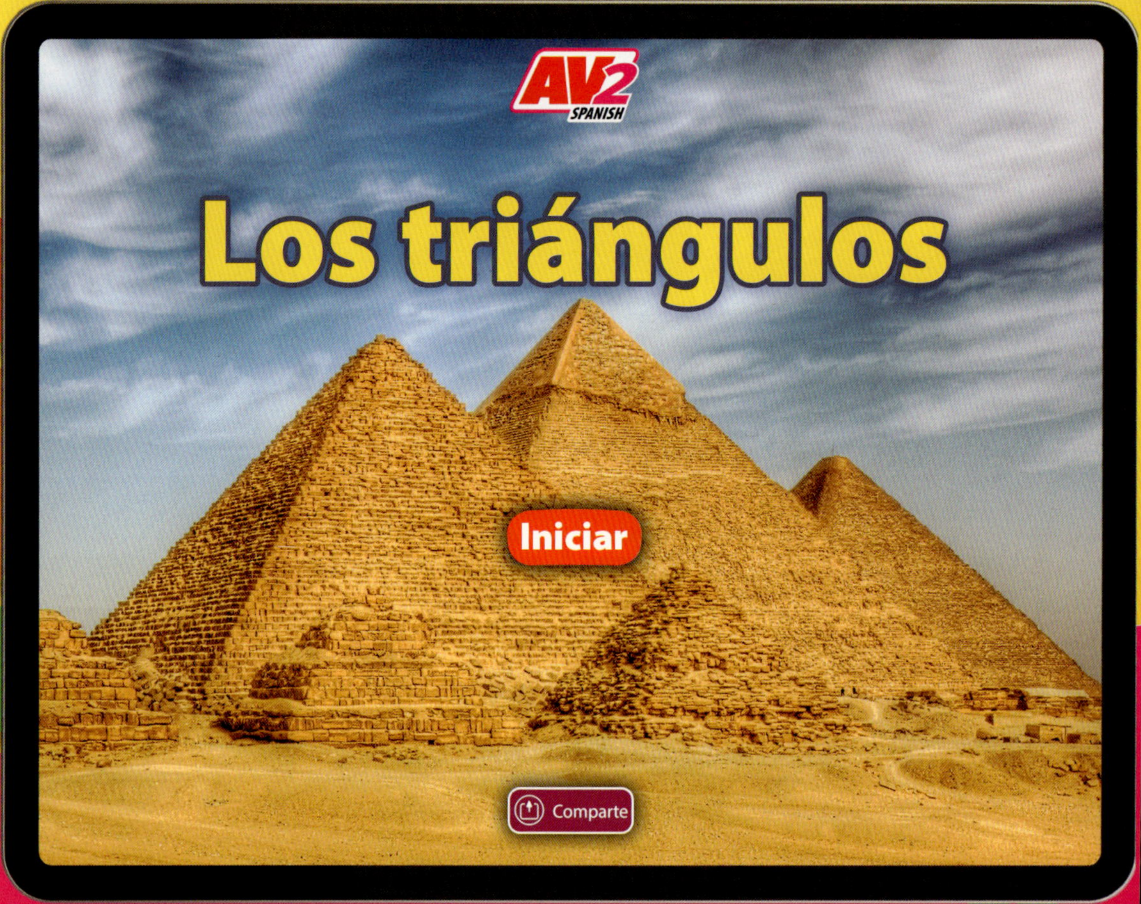

AV2 SPANISH

Los triángulos

Iniciar

Comparte

AV2 es compatible para su uso en cualquier dispositivo.

Tu eBook interactivo trae...

Audio
Escucha todo el lobro leído en voz alta

Videos
Mira videoclips informativos

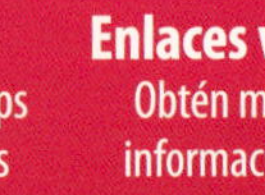

Enlaces web
Obtén más información para investigar

¡Prueba esto!
Realiza actividades y experimentos prácticos

Palabras clave
Estudia el vocabulario y realiza una actividad para combinar las palabras

Cuestionarios
Pon a prueba tus conocimientos

Presentación de imágenes
Mira las imágenes y los subtítulos

Comparte
Comparte títulos dentro de tu Sistema de Gestión de Aprendizaje (LMS) o Sistema de Circulación de Bibliotecas

Citas
Crea referencias bibliográficas siguiendo los estilos de APA, CMOS y MLA

Este título está incluido en nuestra suscripción digital de Lightbox

Suscripción en español de K–5 por 1 año
ISBN 978-1-5105-5935-6

Accede a cientos de títulos de AV2 con nuestra suscripción digital.
Regístrate para una prueba GRATUITA en www.openlightbox.com/trial

Se garantiza que los componentes digitales de este libro estarán activos por al menos cinco años desde la fecha de publicación.

Los triángulos

Contenidos

¿Qué forma es esta?

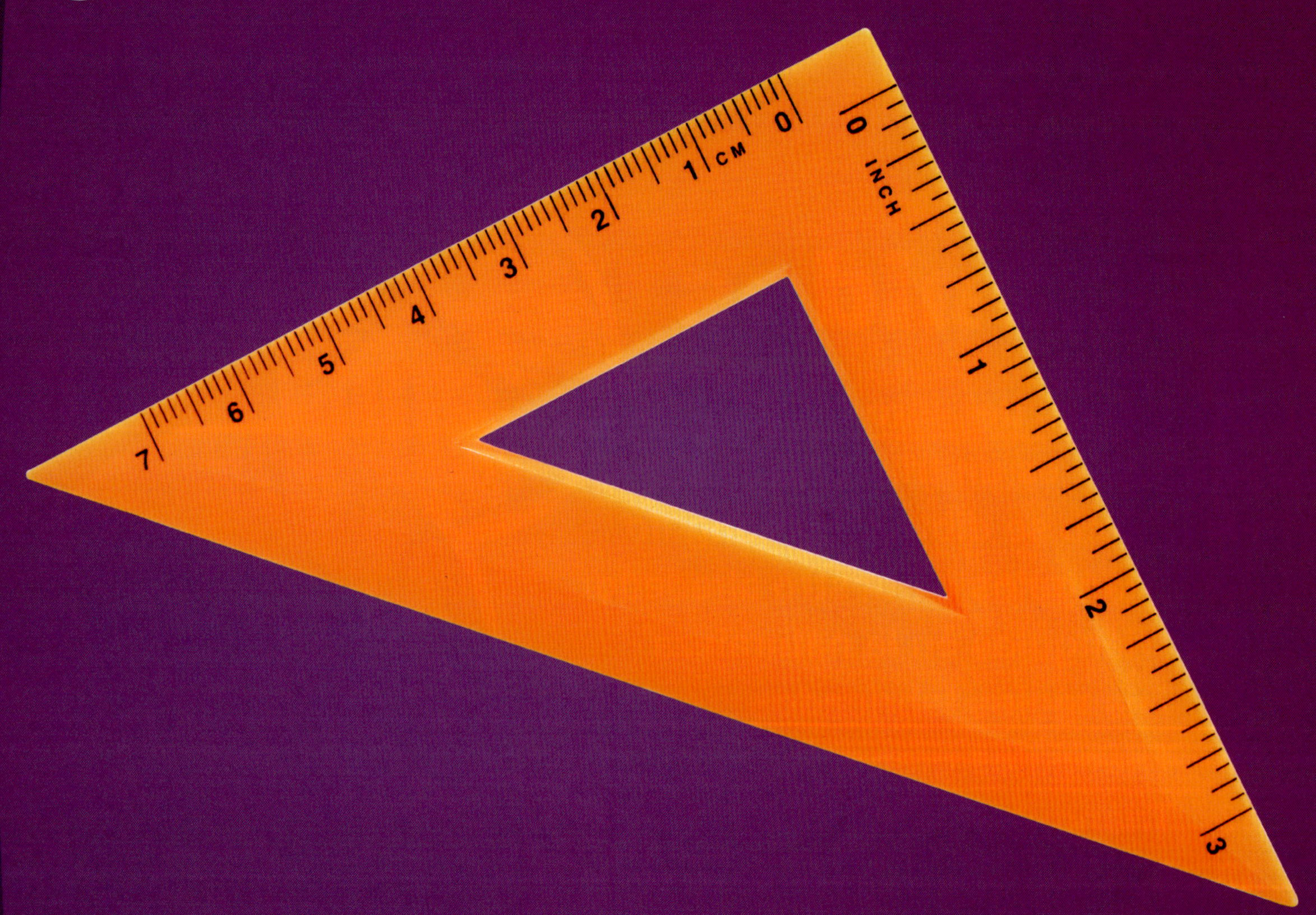

¡Es un triángulo!

El triángulo tiene tres esquinas.

También tiene tres lados.

El triángulo es mi forma favorita.

Así se dibuja un triángulo.

Hay triángulos por todas partes.

Mira a tu alrededor. ¿Ves algún triángulo?

Podemos ver triángulos en la naturaleza.

Árbol

También se pueden fabricar objetos triangulares.

Porción de torta

Algunos triángulos son grandes.

Una pirámide tiene grandes caras triangulares.

Pirámides

Emparedados

Otros triángulos son pequeños.

Un emparedado se puede cortar en triángulos pequeños.

¡Los triángulos son divertidos!

Puedes comer un delicioso nacho.

Puedes jugar con un velero de juguete.

Hay diferentes formas de escribir sobre los objetos triangulares.

Una porción de pastel tiene **forma de triángulo**.

Porción de pastel

Una percha es **triangular**.

Percha

Veamos que has aprendido sobre los triángulos.

¿Cuáles de estos objetos son triangulares?

Published by Ligthbox Learning Inc.
276 5th Avenue, Suite 704 #917
New York, NY 10001
Website: www.openlightbox.com

Library of Congress Control Number: 2023931400

ISBN 978-1-7911-5487-5 (hardcover)
ISBN 978-1-7911-5488-2 (multi-user eBook)

Printed in Guangzhou, China
1 2 3 4 5 6 7 8 9 0 27 26 25 24 23

022023
101722

Art Director: Terry Paulhus
English Project Coordinator: Priyanka Das
Spanish Project Coordinator: Sara Cucini
English/Spanish Translator: Translation Services USA

Every reasonable effort has been made to trace ownership and to obtain permission to reprint copyright material. The publisher would be pleased to have any errors or omissions brought to its attention so that they may be corrected in subsequent printings.

The publisher acknowledges Getty Images as the primary image supplier for this title.